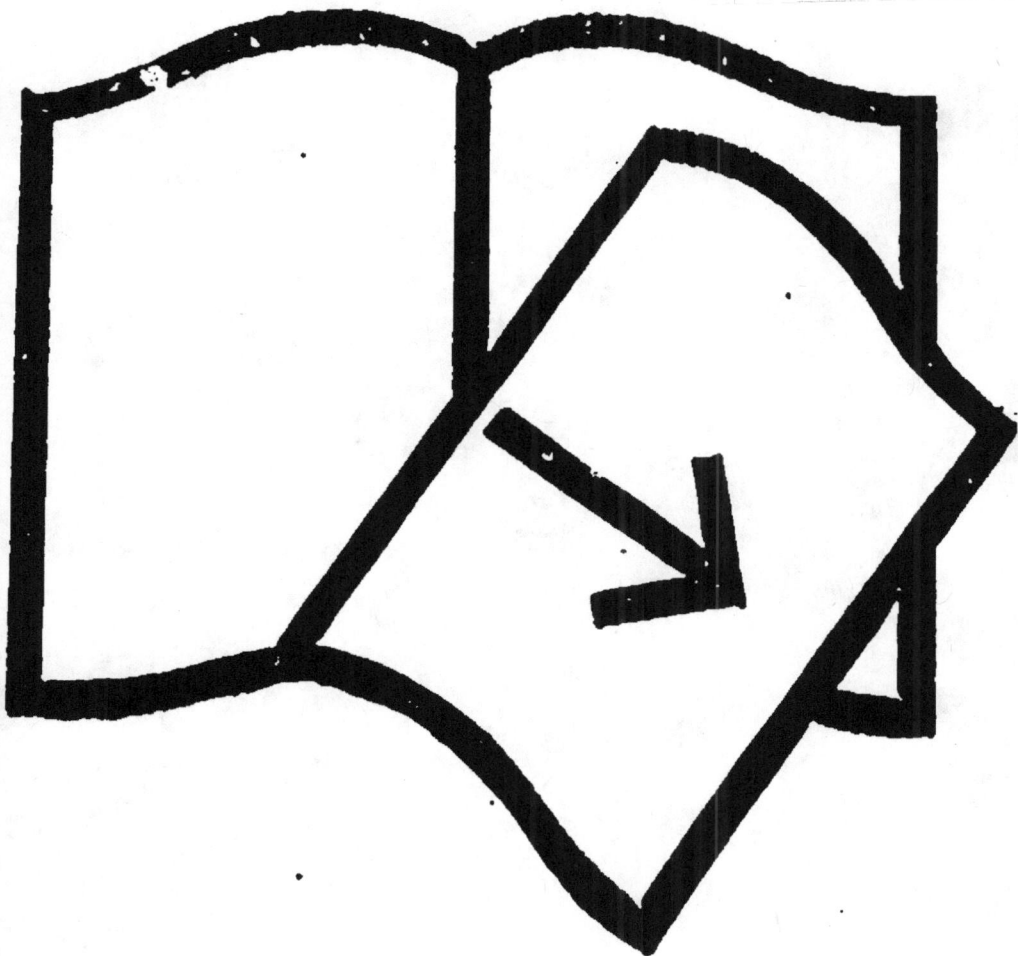

Couvertures supérieure et inférieure
manquantes

A MONSIEUR PERRIQUET

Rédacteur-Gérant de la **Constitution**, journal d'Auxerre.

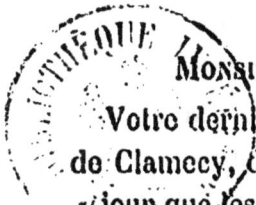

Monsieur,

Votre dernier numéro contient une note sur les élections de Clamecy, dans laquelle je lis : « Il est clair comme le « jour que les élections de Clamecy n'avaient aucun carac-« tère politique et que la lutte était tout simplement locale. « La majorité de ces hommes, dont on fait des républicains « malgré eux, sont des conservateurs; l'un, M. Rubis, a « même été nommé maire en 1851, et l'administration « municipale compte au contraire parmi ses défenseurs, « des hommes d'une nuance très-tranchée, comme par « exemple M. Henri Pellault. »

Pourquoi, monsieur Perriquet, me faites-vous l'honneur de votre publicité? Je n'étais pas candidat, je ne suis pas électeur, je ne pouvais donc intervenir dans l'élection que par conseils, ce que j'ai fait en faveur de l'administration contre les candidats qui affirment, dans votre journal, leur dévouement absolu au gouvernement impérial, sous cette réserve toutefois : « Ce n'est pas non plus sous l'empire de préoc-« cupations politiques que nous avons écrit les lignes qui « précèdent, c'est simplement parce que nous avons vu la « vérité odieusement travestie et que le spectacle de tant « d'audace ne pouvait nous laisser indifférent; mais qu'on « nous permette de faire observer que les amitiés les plus « solides ne résistent pas à de certains traitements; nous

« avons dit que ces honnêtes gens, que les journaux officieux
« injurient sans vergogne, qu'ils dénoncent si injustement,
« n'étaient pas ennemis du gouvernement, nous n'oserions
« pas affirmer, en voyant ce qui se passe, qu'ils ne pourraient
« le devenir. »

Voilà qui est clair. Messieurs de l'opposition de Clamecy deviendront des ennemis si on ne satisfait leurs
exigences, qui sont le remplacement du maire par un des
leurs. Voyons, monsieur le rédacteur, de pareilles misères
sont-elles dignes de vous ? Les hommes que vous défendez
sont, sachez-le, adversaires de tout progrès, leur chef a
été l'élève favori des révérends Pères de Vaugirard (1), et
s'ils avaient réussi, mon pauvre pays aurait à subir toutes
sortes d'ignominies.

Les électeurs ont donc sagement fait en repoussant le
maire de 1851, l'homme de courage du proconsul Petit
de la Fosse ; étrange aberration, c'est en se faisant un
titre des terribles événements de 1851, qu'on veut obtenir les suffrages de cette généreuse population clamecy-
coise si cruellement frappée. N'est-ce pas de l'impudence
de vouloir replacer sous votre administration une ville qui
ne vous connaît que par le mal que vous lui avez fait.

J'ai été très-franchement défenseur de l'administration
municipale, avec son concours nous avons obtenu l'instruction gratuite repoussée par ces *honnêtes gens* qui vous écri-
vent (2) ; par elle, nous aurons cet hiver des classes d'a-
dultes ; notre collége, mutilé dans l'intérêt du séminaire, va
reprendre son ancienne importance (3) ; l'instruction y sera

(1) Voyez pièces justificatives, n° 1.
(2) Voyez pièces justificatives, n° 2.
(3) Voyez pièces justificatives, n° 3.

complète et nos enfants pourront en sortir préparés au bac-
calauréat. Moulot, village de quatre-vingts feux, distant de
cinq kilomètres de Clamecy, aura un instituteur gratuit ; ce
sont de bonnes choses qui nous seront retirées par vos pré-
tendus amis dont le but avoué est de rétablir les ignorantins,
si jamais ils obtenaient la majorité dans le conseil.

Le rédacteur en chef de la *Constitution d'Auxerre* ne peut
pas accorder son patronage à des hommes qui travaillent
ouvertement à la restauration des plus détestables pratiques
du passé; votre religion a été surprise, monsieur Perriquet,
je vous prie de vous renseigner et vous reconnaîtrez que les
rédacteurs de la note collective que vous avez contresignée,
qui tiennent à injure d'être appelés républicains, qui vont à
la messe, escortent les processions, donnent des aubades
aux autorités, organisent des concerts, entreprennent des
fêtes publiques, n'ont aucune racine dans la population,
laquelle a horreur des cagots (1) ; mieux instruit, vous recti-
fierez vos appréciations et reconnaîtrez que le parti du progrès pour lequel vous combattez avec un talent réel, n'a pas
été battu dans l'élection de Clamecy et qu'il serait même
juste de dire qu'il a été victorieux, puisque tous les candidats de la réaction cléricale ont été repoussés.

L'agitation municipale se concentre dans un très-petit
nombre de Messieurs avoués, notaires, avocats, qui,
ayant des loisirs, les emploient à ourdir de mesquines
intrigues ; les travailleurs ne se passionnent plus pour
les porte-drapeaux ; ils marchent résolûment vers la
conquête de la liberté matérielle, sans laquelle la liberté
politique n'est qu'une théorie; peut-il agir et voter
librement, le prolétaire qui est condamné à se soumettre

(1) Voyez pièces justificatives, n° 4.

à toutes les exigences du maître? Est-il libre, le ma-
nœuvre qui, courbé sur la terre, du lever au coucher
du soleil, reçoit un salaire insuffisant à nourrir sa famille?
Qu'a-t-il à faire de belles et pompeuses prédications. Ce
dont il a besoin, ce que la société lui doit, c'est le pain
quotidien du corps et de l'esprit, complète assistance aux
faibles, travail aux forts, instruction pour tous.

Ces doctrines *très-tranchées* conviennent peu aux Jésuites,
dont l'autorité ne se maintient que par la misère et l'igno-
rance (1); or non-seulement M. Villiers, maire de Clamecy,
n'est point Jésuite, mais il a cet avantage d'être le principal
but des attaques du parti clérical; voilà pourquoi je me suis
rangé parmi ses défenseurs. J'ai la conviction d'avoir fait
acte de bon citoyen, et j'espère que vous vous rangerez à
mon opinion qui a, du reste, pour sanction, la grande majorité des électeurs.

Croyez-moi, monsieur Perriquet, réservez votre publicité
à des intérêts plus sérieux; la population de Clamecy n'a pas
cessé d'être dévouée aux principes de liberté, elle
a beaucoup souffert, elle saura encore souffrir. Par sa résignation, par son respect de tous les droits, par son obéissance aux lois, elle prouvera qu'elle n'attend de secours que
de la marche lente mais certaine du progrès social (2), c'est
à ce grand œuvre que nous devons toutes nos forces, toutes
nos ardeurs, et vous, monsieur, qui entrez jeune dans cette
sainte croisade, vous aurez le bonheur de voir la misère
disparaître de nos belles et fécondes campagnes.

HENRI PELLAULT.

Paris, ce 11 octobre 1866.

(1) Voyez pièces justificatives, n° 5.
(2) Voyez pièces justificatives, n° 6.

PIÈCES JUSTIFICATIVES

N° 1

M. Jules Bezou ne dissimule pas son affiliation à la congrégation des jésuites, il s'en fait un titre et tient à honneur de se maintenir dans l'obéissance et le respect vis-à-vis des révérends pères de Vaugirard.

Voici en effet en quels termes il s'exprime :

« Pauvres révérends pères, que viennent-ils donc faire ici « dans l'apologie de votre administration municipale.

« En les plaçant dans sa diatribe, M. Pellault a un but... « serait-ce par hasard de me faire rougir ? Eh ! rougir de « quoi ?

« Que M. Pellault et ses amis le sachent bien, je ne suis pas « de ceux qui renient leurs bienfaiteurs, moi... J'ai gardé « trop bon souvenir de mes anciens maîtres pour ne pas leur « rendre un témoignage qu'ils méritent, et je me permettrai « de lui répondre avec Voltaire : Pendant sept années j'ai « vécu dans la maison des jésuites, qu'ai-je vu chez eux ? La « vie la plus laborieuse, la plus frugale, toutes les heures « partagées entre les soins qu'ils nous donnaient et les exer- « cices de leur austère profession, j'en atteste des milliers « d'hommes élevés comme moi. »

Que la société de Jésus se réjouisse de la profession de foi de son élève M. Jules Bezou, qu'il soit complimenté pour cette habileté de faire intervenir le nom de Voltaire. Nous n'y voyons pas d'inconvénients, mais que M. Jules Bezou pré-

tende unir la cause des révérends pères à la religion catholique, c'est plus que de l'habileté et nous devons protester contre une telle prétention toujours reproduite malgré les plus éclatantes protestations des papes et des évêques ; qu'on le sache bien, les jésuites sont en dehors du clergé catholique, ils n'ont aucune mission apostolique, leur compagnie agit et intrigue pour elle-même, utilisant tous les moyens pour augmenter sa puissance ; chassée plusieurs fois de France, elle n'y est rentrée que par tolérance et faiblesse des gouvernements. La maison de Vaugirard n'est donc que tolérée, et sur un ordre du ministre les révérends pères devraient abandonner leurs chers élèves et porter leurs tentes hors du territoire de l'empire français, ce qui est grandement à désirer, car aujourd'hui, comme en 1598, on est en droit de dire, après d'Arnaud : « Quand Votre Majesté ne considé-
« rerait que la première institution des Jésuites, leurs forces,
« leurs progrès, elle aurait dû les avoir en abomination ;
« Dieu ne veut pas être tenté. »

En ce moment les Jésuites de Venise ont reçu ordre de sortir du royaume d'Italie, ils ont demandé à l'Empereur d'Autriche l'autorisation de transporter leur établissement à Vienne. Le conseil municipal a protesté énergiquement.

N° 2

Première séance du nouveau Conseil.

Le serment prêté par tous les membres présents, M. Henri Pellault donne lecture de la proposition suivante :

« Considérant que l'instruction primaire gratuite est la première obligation à laquelle le Conseil municipal doive satisfaire ;

« Considérant que la perception de la rétribution scolaire est gênante et vexatoire;

« Considérant que le citoyen qui veut obtenir la gratuité pour ses enfants est dans la nécessité d'adresser une demande au maire, qui l'envoie au préfet, qui l'expédie au recteur, lequel la retourne au maire, qui la communique au curé, puis, en dernier lieu, soumet la liste des élèves gratuits aux délibérations du Conseil municipal;

« Considérant que cette multiplicité de formalités et d'exigences constitue des entraves et des embarras pour l'administration elle-même, et place les citoyens dans des conditions d'inégalité et de soumission contraires aux droits et obligations d'une même commune;

« Considérant qu'il appartient au nouveau Conseil municipal, élu par le suffrage universel indépendant, de voter dès sa première séance la gratuité complète de l'instruction primaire;

« Considérant que l'augmentation de dépenses, qui ne s'élèvera qu'à 600 francs, ne saurait motiver un retard dans l'application d'une réforme sollicitée par les travailleurs, et acceptée aujourd'hui par les esprits les plus timorés comme une nécessité sociale. »

Cette proposition, la première présentée, ne semblait devoir rencontrer aucune opposition; il en fut autrement : la gratuité de l'école communale devait nuire à l'école des frères de la doctrine chrétienne. M. Jules Bezou signala ce danger et avec ses amis proposa un ajournement, ce qui équivalait à un rejet. Toutefois le Conseil, à la majorité, décida que la proposition serait examinée par la Commission du budget.

La Commission conclut au rejet de la gratuité de l'instruction primaire. M. Alapetite, son rapporteur, fut chargé d'exposer les motifs de ce rejet. On lit dans son rapport les passages suivants :

« Il s'agit, vous le savez, messieurs, de la gratuité de l'enseignement primaire donné à tous les élèves de l'école com-

munale ; de cette manière disparaîtraient de votre budget des
recettes la somme de 600 francs, qui représente l'évaluation
des sommes à percevoir des élèves qui payent encore. Votre
Commission a été UNANIME pour reconnaître que la gratuité
de l'enseignement primaire serait une excellente chose, et
elle appelle de tous ses vœux le moment où cette gratuité
pourra être mise en pratique ; *mais elle a pensé que, eu égard
à la situation financière de la ville,...* il convenait d'at-
tendre. »

A la séance suivante, M. Pellault prit la parole pour répondre aux conclusions du rapport.

Il critiqua la décision de la Commission, qui était d'avis de
rejeter sa proposition comme prématurée :

« Ajourner la gratuité de l'instruction, c'est la repousser,
et ceux qui demandent l'ajournement sont les adversaires
de tout progrès, des rétrogrades qui ne veulent point répandre l'instruction chez les travailleurs. »

La parole est ensuite donnée à M. Bezou, qui répond : que
M. Pellault s'est mépris sur la véritable pensée de la Commission ; que la Commission désire comme lui voir l'instruction
gratuite à Clamecy ; qu'il n'est pas question de mendier au
peuple 600 francs ; que ces grands mots n'ont aucune portée
dans la discussion qui occupe le Conseil ; que la seule question à examiner est celle-ci : Nos finances permettent-elles de
donner en ce moment l'instruction gratuite dans la ville de
Clamecy ? qu'à cette question le Conseil à l'heure présente
était bien obligé de répondre : Non, puisque le budget ne se
soldait que par un excédant de 1,000 francs et qu'on ne pouvait sacrifier cette somme dont la nécessité pouvait se faire
sentir pour des besoins urgents et imprévus, que d'ailleurs
l'on ne pouvait espérer avec 600 francs donner l'instruction
gratuite, car il était à présumer qu'avec le bénéfice de la gratuité l'Ecole communale, aujourd'hui composée de cent vingt
ou cent trente élèves, s'accroîtrait du double et du triple,

tant au moyen des élèves de l'école des Frères que de l'école de
M. Fauconnier, que des autres enfants dont les parents vou-
draient profiter de la gratuité; — que deux personnes ne pourraient pas distribuer à deux cent cinquante ou à trois cents,
voire même peut-être à quatre cents, l'instruction qu'ils
donnent à cent vingt; que partant, le nombre d'élèves aug-
mentant, il faudrait augmenter le nombre des instituteurs-
adjoints, en raison directe du nombre des élèves ; que par
conséquent, au lieu de payer deux instituteurs, il faudrait en
payer quatre ou cinq et qu'alors ce n'était pas seulement une
somme de 600 francs qu'il faudrait retrancher du budget des
recettes, mais bien encore une somme de 2,000 francs au
moins qu'il faudrait ajouter au budget des dépenses, 2,000
francs que, pour le moment, la ville n'avait pas et qu'elle ne
pouvait voter ; — qu'il valait bien mieux renvoyer cette question à l'année suivante où le budget serait dégrevé d'une
somme de 5,305 francs, représentant d'une part la dernière
annuité à payer à la Caisse d'amortissement, et d'autre part
les 1,000 francs destinés à payer la réparation du quai du
canal; que, pour tous ces motifs, il adhérait complétement aux
conclusions du rapport.

La parole est donnée ensuite à M. Alapetite, rapporteur,
qui proteste au nom de la Commission contre l'interpréta-
tion que M. Pellault a faite des termes de l'esprit du rapport
en ce qui touche la gratuité de l'instruction déclarant que ce
n'est pas un rejet que la Commission a entendu faire, mais simplement un ajournement pour les motifs déduits au rapport
et rappelés par M. Bezou.

Après quelques mots échangés encore entre plusieurs membres sur cette même question, M. le maire prend la parole
et expose au conseil que s'il s'est opposé à la précédente
séance à la prise en considération de la proposition de M. Pellault, c'était par une raison d'économie; mais qu'après tout
et en définitive les 1,000 francs d'excédant du budget pou-
vaient suffire à donner à la ville la gratuité dans l'École communale, même pour cette année.

En conséquence, il met aux voix la proposition.

Le vote a lieu au scrutin secret et la gratuité de l'instruction primaire est adoptée à la majorité.

N° 3

Collége communal de Clamecy.

Une commission spéciale composée de trois membres : MM. Millelot, Alapetite et Henri Pellault, avait été chargée de rechercher les moyens de rendre au collége son ancienne prospérité. M. Alapetite proposa l'adjonction d'un professeur, il fut nommé rapporteur; mais le jour même où devaient être discutées et votées les propositions de la commission, M. Alapetite déclara avoir changé d'avis; M. Millelot persistant dans la première opinion émise par M. Alapetite, ce fut M. Henri Pellault qui fit le rapport.

Rapport de la Commission du collége.

Notre collége, messieurs, était tombé dans un déplorable état de délabrement, vous connaissez tous les causes de cet abaissement et vous le déploriez. Nous sommes heureux de vous faire savoir que le nouveau principal a imprimé à cet établissement une direction qui dès aujourd'hui permet d'espérer le rétablissement de cette ancienne prospérité dont à juste titre notre cité était fière.

Les villes qui ont des colléges communaux doivent traiter avec le ministre et contracter pour cinq ans l'obligation de subvenir au traitement du principal et des professeurs; l'engagement entre la ville et l'Université expire le 1er octobre prochain et vous êtes invités à le renouveler.

Cet engagement est celui-ci :

Au principal, 1,600 fr. ; au professeur de 7° et de 8°, 1,200 fr. ; au professeur de 6° et de 5°, 1,400 fr. ; au professeur primaire supérieur, 1,300 fr. ; pour les prix, 300 fr. ; entretien du matériel, 150 fr. ; au total 5,950 fr.

La majorité de votre commission vous propose de demander au ministre un professeur de 7° et de 8°, lequel serait logé et nourri par M. le principal ; le professeur de 6° et de 5°, M. Baumier, resterait avec son traitement de 1,400 fr. ; on solliciterait la nomination d'un professeur de 4° et de 3° auquel on allouerait un traitement de 1,400 fr. M. le principal, dont le traitement est actuellement de 1,600 fr., prenant à sa charge les réparations locatives et d'entretien du matériel, recevrait 1,750 fr.

Si vous acceptez les propositions de votre commission, le budget du collége devra figurer au budget général ainsi :

Traitement du principal.	1,750 fr.
Traitement du professeur de 8° et de 7°. . . .	500
Traitement du professeur de 6° et de 5°. . . .	1,400
Traitement du professeur de 4° et de 3°. . . .	1,400
Traitement d'un professeur primaire supérieur.	1,300
Pour les prix.	300
Total.	6,650 fr.

C'est une augmentation de 700 fr.

Mais la ville perçoit une rétribution scolaire, l'année dernière cette rétribution a produit 534 fr. elle produira cette année au delà de 600 francs.

De toutes les dépenses qui figureront à notre budget il n'en est pas une qui soit plus digne et plus respectable que celle qui est consacré à l'instruction de la jeunesse, il n'en est pas une qui soit plus justifiée sous tous les rapports, aussi nos prédécesseurs l'avaient compris ; en 1860, le budget du collége s'élevait à 7,710 fr. Nous vous demandons 1,060 de moins qu'en 1860, comment pourriez-vous nous les refuser ?

Après la lecture de ce rapport M. Alapetite demande que la discussion soit renvoyée à la séance où l'on discutera le budget de la ville.

M. le maire fait observer que si on renvoyait à une autre séance le conseil ne serait pas logique, puisqu'il avait détaché ce qui concernait le collége; renvoyer à la commission du budget ce serait revenir sur la décision prise.

M. Sonnié-Moret appuie la proposition d'ajournement, M. Henri Pellault répond qu'il ne comprendait pas qu'une commission spéciale eût été nommée pour le collége et que les conclusions fussent renvoyées à une autre commission.

Il ajoute (ce qui n'a pas été reproduit par M. Bezon, secrétaire) que l'ajournement proposé par M. Alapetite, appuyé par M. Sonnié-Moret, soutenu par M. Courot, équivalait au rejet de la proposition, et que cette demande insidieuse d'ajournement révélait, chez MM. Alapetite, Sonnié-Moret, Courot et leurs amis, l'existence d'une coalition contre toutes les propositions qui seraient faites pour la propagation de l'instruction; que le collége rencontrait les mêmes adversaires que l'instruction gratuite, lesquels procédaient de la même façon, par l'ajournement, qui était bien plutôt l'enterrement; pourquoi il importait de poser nettement et loyalement la question, ceux qui demandent l'ajournement ne veulent pas la prospérité du collége, ceux au contraire qui désirent son rétablissement et qui pensent qu'il est bon de répandre l'instruction repousseront l'ajournement et voteront pour les propositions de la commission.

L'ajournement, mis aux voix, est rejeté à la majorité.

N° 4

Voici l'opinion que notre regretté Claude Tiller, le maître d'école pamphlétaire, émettait il y a vingt ans.

« — Quoi, vous ne comprenez pas! L'homme en question, je ne sais par l'effet de quel maléfice, mène nos conseillers par le bout de l'oreille. Si nous lui donnons nos suffrages, le conseil municipal deviendra une succursale de la fabrique. Le curé y aura plus d'influence que le maire, la clé de notre coffre-fort sera appendue à un des clous de la sacristie, les ressources de la commune s'épuiseront en pieuses dépenses. Vous n'aurez pas réparé l'église d'un côté qu'il faudra recommencer de l'autre. Le presbytère ne sera plus ni assez beau ni assez grand pour M. le curé, on en fera un petit palais épiscopal. Si le digne homme demande deux vicaires, on vous dira que dans un chef-lieu d'arrondissement on ne peut être exposé à mourir sans confession, et il lui en sera alloué quatre. Le voyer vous fera des croix et des chapelles de toutes sortes ; il mettra une chapelle jusque sur la promenade, une lugubre nichée de frères ignorantins viendra s'abattre sur la ville ; il faudra que vous leur fassiez bâtir un petit couvent, et on fera de vos enfants des sous-diacres, décorés tous d'une médaille à l'effigie de M. Dufêtre. Est-ce que cela vous conviendrait, monsieur Volens? pourrez-vous faire de votre fils un avocat, un médecin, un commerçant, quand on lui aura donné une éducation d'enfant de chœur ?

(*Extrait du pamphlet de M. Volens et M. Nolens.*)

——— ———

N° 5

M. Jules Bezou professe une haute estime pour les frères ignorantins, selon lui, de *pauvres frères* qui apprennent aux enfants les premières notions de grammaire et de géographie ne sont pas à craindre.

J'en demande pardon à M. Jules Bezou; ces *pauvres frères* sont très à craindre. Leur enseignement serait bien peu en rapport avec les besoins de l'avenir, s'il se bornait à enseigner la grammaire et la géographie; leur mission est bien autrement importante, ils ont pour instruction secrète de contenir les intelligences; et, ce qui fait notre désespoir, c'est qu'ils réussissent admirablement dans leur entreprise, ces *pauvres frères* qui nous viennent on ne sait d'où, élèvent les enfants dans la crainte de l'enfer, dans la haine et l'effroi des doctrines sociales; ils prêchent continuellement l'obéissance passive à l'autorité, non pas à l'autorité du gouvernement, mais à celle de leurs supérieurs. Je sais bien que l'enfant, devenu homme, secoue toutes ces entraves et dégage son esprit des superstitions dont on a effrayé sa jeunesse; mais cette régénération ne s'accomplit pas sans souffrances.

Nous préférons de beaucoup l'instituteur pourvu d'un diplôme au *pauvre frère* qui n'a d'autre preuve de sa capacité que le bon vouloir d'un supérieur inconnu.

Nous préférons l'instituteur citoyen, né au milieu de nous, marié comme nous, ayant des enfants comme nous, au *pauvre frère* qu'on nous expédie de lointains pays, voué au célibat, vivant seul, isolé, condamné à lutter toute sa vie contre les instincts les plus nobles qui poussent les hommes à vivre en famille.

N° 6

Pour M. Jules Bezou, tous ceux qui appellent les travailleurs à l'émancipation matérielle sont des impies qui poursuivent la destruction de la religion.

« Est-ce donc servir sa cause (du prolétaire) que d'agrandir des désirs qu'il ne peut satisfaire ? Est-ce déposer dans notre pays des germes féconds de liberté que de déclarer la guerre à ce qu'il y a de plus sacré, de plus vénérable en *ce monde;* à ce qui sera le plus ferme soutien de la paix et de la liberté, à la religion *qui soulage la misère,* console le pauvre et met un frein aux exigences du riche ; à la religion qui apprend le désintéressement, l'abnégation, le sacrifice, ces premières vertus du citoyen ? »

Ce langage était celui qu'on tenait aux serfs attachés à la glèbe, auxquels on conseillait la *résignation*, l'*abnégation*, promettant, en échange des douleurs et des misères souffertes en ce *monde*, les joies pures et infinies du paradis.

Abandonnez, monsieur Bezou, ces vieilles et décevantes doctrines, nous n'aurons pas toujours des pauvres parmi nous ; le travail féconde, développe, engendre les richesses. Par ce qui s'est produit de bien-être dans les masses, affirmons la conquête prochaine du nécessaire pour les plus déshérités.

Paris.—Typ. Rouge frères, Dunon et Fresné, rue du Four-St-Germ., 43.

www.ingramcontent.com/pod-product-compliance
Lightning Source LLC
Chambersburg PA
CBHW060721280326
41933CB00013B/2516